CATALOGUE

D'ESTAMPES

DE L'ÉCOLE FRANÇAISE DU XVIIIᵉ SIÈCLE

EAUX-FORTES

PAR G. DE SAINT-AUBIN

DESSINS ET LIVRES

Dont la vente aux enchères publiques aura lieu

HOTEL DES COMMISSAIRES-PRISEURS, RUE DROUOT, Nº 9

SALLE Nº 5

Le Vendredi 6 Mai 1887

A UNE HEURE ET DEMIE PRÉCISE

Par le ministère de Mᵉ **MAURICE DELESTRE**, Commissaire-Priseur,
27, rue Drouot, 27.

Assisté de **M. JULES BOUILLON**, Marchand d'Estampes de la Bibliothèque
Nationale, successeur de CLÉMENT, rue des Saints-Pères, 3.

PARIS — 1887

CATALOGUE

D'ESTAMPES

DE L'ÉCOLE FRANÇAISE DU XVIIIᵉ SIÈCLE

EAUX-FORTES

PAR G. DE SAINT-AUBIN

DESSINS ET LIVRES

Dont la vente aux enchères publiques aura lieu

HOTEL DES COMMISSAIRES-PRISEURS, RUE DROUOT, Nº 9

SALLE Nº 5

Le Vendredi 6 Mai 1887

A UNE HEURE ET DEMIE PRÉCISE

Par le ministère de Mᵉ **MAURICE DELESTRE**, Commissaire-Priseur,
27, rue Drouot, 27.

Assisté de **M. JULES BOUILLON**, Marchand d'Estampes de la Bibliothèque
Nationale, successeur de CLEMENT, rue des Saints-Pères, 3.

PARIS — 1887

CONDITIONS DE LA VENTE

Elle sera faite au comptant.

Les acquéreurs payeront *cinq pour cent* en sus des enchères, applicables aux frais.

M. J. BOUILLON, chargé de la vente, se réserve la faculté de rassembler ou de diviser les lots.

L'ordre du Catalogue sera suivi.

DÉSIGNATION

ESTAMPES

ANONYME

1 — Le Peintre de Paysage (Joseph Vernet), in-fol. Belle épreuve.

BACHELIER (d'après)

2 — Collection de cul-de-lampes et fleurons, gravés par Choffart. Sept pièces de deux suites différentes.

BAUDOUIN (Le comte DE)

3 — *Biron* (L. A. de Gontaut, duc de), Pair et Maréchal de France, in-fol. Deux épreuves d'états différents, une est rognée.

BAUDOUIN (d'après P.-A.)

4 — Les Amours champêtres, par Choffard. Belle épreuve.

BEAUVARLET (J.-F.)

5 — Les Enfants du comte de Béthune, d'après Drouais. Très rare épreuve avant toute lettre.

BELLANGÉ (J.)

6 — L'annonciation (R. D. 1), — La Vierge et l'Enfant Jésus... (11), — Balthasar, roi de Saba (35), — Une Femme assise (37), — Diane et Orion (36). Cinq pièces. Belles épreuves.

BENWELL (d'après)

7 — A Saint-James's Beauty, par Boilet. Très belle épreuve.

BOUCHER (d'après F.)

8 — Vignettes in-12 gravées par Punt, pour les Œuvres de Molière. Seize pièces.

9 — Le Printemps, par J. Daullé. Epreuve avant la lettre, non entièrement terminée.

BOUCHER ET DE TROY

10 — Sujets divers. Cinq pièces gravées à l'eau forte.

BOVA ET PLAYTER

11 — *Cosway* (R.), d'après lui-même. — *Cosway* (Maria), d'après Schley. Deux portraits in-4 en couleurs. Très belles épreuves.

BRADE

12 — *Louise-Marie* de France, première des religieuses carmélites de Saint-Denis, in-4. Belle épreuve, marge.

CALLOT (J.)

13 — Le Nouveau Testament, — Les Pénitents et Pénitentes, — Les grandes Misères de la Guerre, — Les Mendiants, — Les Bohémiens, — Parterre du Palais de Nancy, — Les Supplices, — La Carrière de Nancy, —, La grande Chasse, — Les deux vues de Paris, etc. Soixante-quatorze pièces.

14 — La Petite Passion, copies, — Sujets de la Vie de la Vierge, — Pièce du Combat à la barrière, — Sujets de la grande Passion, — Tableaux de Rome, — Les Supplices, Les Bohémiens, etc. Trente-trois pièces.

CAMPION

15 — *Guillonvillé* (Mme de), in-8. Très belle épreuve avant la lettre, marge.

CARMONTELLÉ (L.-C. DE)

16 — L'abbé Allaire (P. de B. 1), très belle épreuve.

17 — Le duc d'Orléans et son Fils (P. de B. 3), superbe épreuve. Très rare.

CARRÉE (ANT.)

18 — *Chereau* (J.-F.), assis dans son cabinet, in-4. Très belle épreuve.

CHAPRON

19 — Les Loges de Raphaël, suite de cinquante-deux pièces, plus quatre doubles. Belles épreuves.

CHAPUY (J.-B.)

20 — Vue perspective du Champ-de-Mars, jour du Serment civique prononcé par la Nation française assemblée à Paris le 14 Juillet 1790, d'après Le Roy, en couleur. Très belle épreuve, marge.

CHARDIN (d'après)

21 — La Bonne éducation, par Le Bas. Superbe épreuve, grande marge.

22 — Le Dessinateur, par J.-J. Flipart. Très belle épreuve, marge.

23 — La Mère laborieuse, par Lépicié. Superbe épreuve, marge.

24 — Le Négligé ou Toilette du matin, par Le Bas. Superbe épreuve, marge.

25 — La Ratisseuse. Très belle épreuve, marge.

CHOFFARD (P.-P.)

26 — Adresse de Lattré (136). Très belle épreuve avant la lettre.

27 — Adresse d'un artiste (147). Superbe épreuve, grande marge.

28 — Encadrement, pour entourer la dédicace à Monseigneur le duc de Chartres, Métamorphoses d'Ovide (475). Très rare épreuve avant la lettre, marge.

29 — Armes du marquis de Marigny (609). Epreuve tirée hors texte, marge.

CHOFFARD (P.-P.)

30 — En-tête aux armes du Dauphin, pour un in-4 (612). Epreuve tirée hors texte.

31 — Fleuron au chiffre de Catherine II (620). Superbe épreuve tirée hors texte, marge.

32 — Fleurons pour l'*Histoire de la Maison de Bourbon*, par Desormeaux, et autres. Dix pièces. Epreuves tirées hors texte.

COCHIN (C.-N.)

33 — En-tête de pages pour : *Mécanisme de l'artillerie* et livres sur les arts, etc. Huit pièces. Epreuves tirées hors texte.

34 — Trois vignettes in-8, pour le *Lutrin*, de Boileau. Belles épreuves.

35 — Fleurons, — vignettes d'après Cochin pour divers ouvrages. Dix-neuf pièces. Les fleurons sont avant la lettre.

36 — *Louis XV*, en-tête du Catalogue raisonné des tableaux du Roi, par Lépicié. Epreuve tirée hors texte, marge.

COCHIN (d'après Ch.-N.)

37 — *Beaujon* (*N.*), par Mme Lingée, in-4. Belle épreuve, toute marge.

38 — *Desfriches*, in-4. Belle épreuve, marge.

COCHIN, LITTRET ET SAINT-AUBIN

39 — *Caylus* (le comte de), — *Hénault* (Ch.-J.-F.), — *Amelot* (A.-J.). Trois portraits in-4. Belles épreuves.

COPIA

40 — Le maréchal de la Vendée, d'après Sablet, en couleur. Très belle épreuve, marge.

COSSIN

41 — *Cassini*, in-fol. Belle épreuve avant la lettre.

COSWAY (d'après R.)

42 — Portrait d'une jeune femme, gravé en couleur par
L. Schiavonetti, in-8. Très belle épreuve.

COYPEL (d'après Ch.)

43 — George Dandin, — M. de Pourceaugnac. Deux pièces
tirées des comédies de Molière, gravées par Joullain.
Belles épreuves.

DEBUCOURT (P.-L.)

44 — Calendrier républicain, 1793. Superbe épreuve. Très
rare.

45 — Le Café ambulant, — le Marchand de galette. Deux
pièces faisant pendants. Très belles épreuves.

46 — Un Gourmand, 1803. Très belle épreuve.

47 — L'incendie. Grande pièce in-fol. en hauteur. Superbe
épreuve avant la lettre.

DE LAUNAY

48 — Visite dans la galerie d'histoire naturelle, d'après Roehn.
Belle épreuve.

DE LAUNE (Étienne)

49 — Histoire de la Genèse (R. D., 24 à 59). Suite de trente-
six estampes dont nous n'avons que trente et une. Belles
épreuves.

50 — Moïse montrant au peuple le serpent d'airain, d'après
J. Cousin (R. D., 51), — le Mois de mai (229), — Combat
grotesque (284), etc. Quatre pièces.

DEMARTEAU

51 — Jeune femme lisant, — Jeune homme dessinant. Deux
pièces d'après Boucher. — Portrait de femme d'après Leprince. Trois pièces gravées aux trois crayons. Belles
épreuves.

52 — Plusieurs trophées dessinés et gravés par Demarteau
l'aîné. Suite de six pièces. Belles épreuves.

DENON (Le baron)

53 — Son œuvre en cent treize pièces gravées à l'eau-forte. Très belles épreuves.

DES FONTAINES (F.-L.-S.)

54 — *Petrowitz* (Paul), grand-duc de Russie ; en bas, des militaires à table boivent à la santé du prince. Très belle épreuve. Rare.

DESFRICHES (d'après)

55 — Quatre vignettes, dont deux avant la lettre, gravées par Cochin, pour : *Mon odyssée, ou le journal de mon retour de Saintonge*, — les Saisons, quatre pièces gravées par Campion. Huit pièces.

DIACRE (A Paris, chez)

56 — Les sens et autres sujets pour dessus de tabatières. Huit pièces.

DIVERS

57 — Expériences aérostatiques. Six pièces.

58 — Portraits et caricatures relatives à Napoléon. Costumes militaires.

59 — Estampes par S. Guilloin, Olivier Dofin, Visselot, Lafage, Brebiette, etc. Soixante-neuf pièces.

60 — Estampes diverses, par Beatrizet, Boissart, Marc Duval, Briot, etc. Quarante-et-une pièces.

DREVET (P.-J.)

61 — *Le Couvreur* (Adrienne), d'après Ch. Coypel. Belle épreuve.

EDELINCK (G.)

62 — *Furetière* (Ant.), d'après de Seve (R. D., 209). Belle épreuve.

EISEN (d'après F.)

63 — Amusement de la jeunesse, par N. Dupuis. Belle épreuve.

EISEN (d'après Ch.)

64 — Fleuron pour le théâtre de Favart représentant M. et
Mme Roger sur le boulevard promenant, assise sur une
canne, leur petite fille Marton, gravé par de Longueil.
Epreuve tirée hors texte.

65 — Fleurons et en-têtes gravés par Massard, Aliamet, de
Longueil, de Ghendt, etc. Six pièces. Epreuves tirées hors
texte.

FONTAINEBLEAU (Ecole de)

66 — Sujets divers, par L. Davent, Despeche et maîtres ano-
nymes de l'école de Fontainebleau. Vingt-neuf pièces.

FORTIER

67 — Le Café politique. Très belle épreuve, marge.

FRAGONARD (H.)

68 — Les Traitants (P. de B. 1), — Bacchanale (9), — Agar
consolée par un ange (15). Trois pièces.

69 — L'Armoire, 1778 (P. de B. 2). Belle épreuve avant toute
lettre.

FRAGONARD (d'après H.)

70 — L'Amour en sentinelle, par Miger. Superbe épreuve avant
toute lettre, marge.

GALLIMARD et FILLŒUL

71 — La Soirée, d'après Cochin, — l'Après-dînée. Deux pièces.
Belles épreuves avec marges.

GARNIER (d'après)

72 — Vignettes in-8, gravées par Masquelier, pour les OEuvres
de Racine. Cinq pièces avant la lettre, avec marges.

GAULTIER (L.)

73 — La forge de Vulcain, d'après Jean Cousin. Epreuve du
premier état, avec une tache sur la hanche du forgeron
placé sur le devant. Rare.

GELLÉE (CLAUDE)

74 — Le troupeau à l'abreuvoir. (R. D., 4). Belle épreuve du premier état.

75 — Le port de mer au fanal. (R. D., 11). Belle épreuve.

76 — Scène de Brigands (12). Belle épreuve.

77 — Le Port de mer à la grosse Tour (13). Bonne épreuve.

78 — Le Chevrier (19). Bonne épreuve.

79 — Le Temps, Apollon et les Saisons (20). Belle épreuve.

80 — Le Campo-Vaccino (23). Bonne épreuve.

81 — Etude d'une Scène de Brigands (39), — Les deux Paysages (40). Bonnes épreuves.

GRAVELOT (d'après H.)

82 — Amusements d'un Convalescent, dédiés à ses amis, par P.-P. Choffart. Belle épreuve.

83 — Le Concert, par Saint-Non. Belle épreuve.

84 — Vignettes pour illustration de Romans anglais, Fleurons et Vignettes divers, dont plusieurs avant la lettre. Vingt-sept-pièces.

HOIN (C.-J.-B.)

85 — Son portrait, gravé en 1787, in-4. Très belle épreuve, marge.

86 — *Vincent* (Mme), in-12. Belle épreuve, marge.

HUQUIER

87 — Premier livre de trophées inventez par D. Charpentier et gravés par Huquier, — Premier livre de Panneaux de fantaisie inventés par Bellay et gravés par Huquier. Dix-huit pièces.

JEAURAT (d'après)

88 — L'Exemple des Mères, par Lucas. Très belle épreuve.

89 — Le Fiacre, par Pasquier. Très belle épreuve.

LANCRET (d'après N.)

90 — L'Après-Dînée, par de Larmessin. Très belle épreuve, marge.

91 — A Femme avare, galant escroc, par de Larmessin. Belle épreuve avant l'adresse de Buldet.

92 — Les deux Amis, par de Larmessin. Belle épreuve.

93 — Le Gascon puni, par de Larmessin. Très belle épreuve avant l'adresse de Buldet.

94 — La Jeunesse, par N. de Larmessin. Belle épreuve.

95 — On ne s'avise jamais de tout, par de Larmessin. Belle épreuve avant l'adresse de Buldet.

96 — Les Oyes de frère Philippe, par de Larmessin. Belle épreuve avant l'adresse de Buldet.

97 — La Servante justifiée, par de Larmessin. Très belle épreuve avant l'adresse de Buldet.

98 — *D'un baiser que Tirsis caché dans ces beaux lieux*, par Suz. Silvestre. Très belle épreuve.

99 — *Que le Cœur d'un amant est sujet à changer*, par Suz. Silvestre. Très belle épreuve.

100 — *Trop indolent Tircis, laisse la symphonie*, par Suz. Silvestre. Très belle épreuve.

101 — *Veux-tu d'une inhumaine emporter la tendresse*, par Suz. Silvestre. Très belle épreuve.

LECLERC (Sébastien)

102 — Costumes et sujets divers. Trente et une pièces..

LE CLERC (J.), LALLEMAND et DUPÉRAC

103 — Le Repos en Egypte, — Résurrection de Lazare, — Narcisse. Trois pièces gravées à l'eau-forte.

LÉLU (P.)

104 — L'Œuvre du maître en cinquante-deux pièces gravées à l'eau-forte, beaucoup sont doubles en divers états.

LE MIRE (N.)

105 — Fleurons pour les *Contes* de Boccace. Neuf pièces, épreuves tirées hors texte, marges.

106 — La Fayette, debout près de son cheval, d'après Le Paon. In-fol. Très belle épreuve.

LITTRET DE MONTIGNY

107 — *Lekain* (Henri-Louis). In-fol. Très belle épreuve, marge.

108 — *Malvin de Montazet* (Ant. de), archevêque de Lyon. In-fol., d'après L.-M. Vanloo. Belle épreuve avant la lettre.

LE VILLAIN (G.-R.)

109 — *Dufour de Villeneuve* (J.-F.), lieutenant civil au Châtelet de Paris, d'après Mauperin. Belle épreuve, marge.

LOUTHERBOURG

110 — Etudes de figures, — La bonne petite sœur, — La tranquillité champêtre. Treize pièces, dont deux doubles.

LUCAS (P.)

111 — *Lucas* (P.), professeur de sculpture à Toulouse. In-8. Belle épreuve, marge.

MARLÉ

112 — Pie VII visitant l'institution des sourds et muets, le samedi 23 février 1805. Epreuve en double état, avant et avec la lettre.

MASSARD (J.)

113 — *Gravelot* (H.), d'après de la Tour. In-4. Très rare épreuve avant toute lettre, non entièrement terminée.

MOREAU (J.-M.)

114 — *Pineau* (D.), sculpteur. D'après Merelle. In-8. — Rare épreuve avant la lettre.

MOREAU (J.-M.)

115 — La Cinquantaine (E. B., 240). Superbe épreuve, toute marge. Très rare.

MORIN (J.)

116 — *Herbert* (Sophie), comtesse de Carnavon. D'après Van-Dyck (R. D., 56). Très belle épreuve.

NANTEUIL (R.)

117 — *Chapelain* (Jean), poète (R. D., 60). Très belle épreuve du premier état, marge.

118 — *Lomenie de Brienne* (H.-A.) (R. D., 148), — *Maridat de Serrières* (P. de) (168), — *de Nesmond* (F.), évêque de Bayeux (202), — *Sarrasin* (J.-F.) (220). Quatre pièces. Belles épreuves.

PAROY (Le comte DE)

119 — Buste de La Fontaine au milieu de petits sujets tirés de ses fables. Très belle épreuve.

120 — Gil-Blas dans la taverne des brigands. Très belle épreuve en noir.

PARVILLÉE (A Paris, chez)

121 — Le Cabaret de Ramponneau, — le Cabaret de Mme Ramponneau. Deux pièces faisant pendants. Superbes épreuves, la seconde a toute sa marge.

PERRIER ET ANT. GARNIER

122 — Dix-sept estampes de l'œuvre de ces deux maîtres, gravées à l'eau-forte.

PIERRE (J.-B.-M.)

123 — Dix-neuf pièces gravées à l'eau-forte. Belles épreuves.

PORTRAITS

124 — Sous ce numéro, il sera vendu par lots un portefeuille de portraits des dix-septième, dix-huitième et dix-neuvième siècles.

POUGET

2- 125 — *Bury* (Milady, countesse of). In-4. Belle épreuve, marge.

PRIEUR (L.)

13- 126 — Suite de six feuilles ornements. Très belles épreuves.

PRUD'HON (d'après P.-P.)

3- 127 — La Vengeance de Cérès, par Copia. Très belle épreuve avant la lettre.

RUOTTE ET DELVAUX

2- 128 — La Belle Gabrielle, d'après A. Kauffman, — Mimie, d'après Mme Fragonard. Deux pièces. Belles épreuves.

SAINT-AUBIN (G. DE)

129 — Réconciliation d'Absalon avec David (P. de B., 2).
20- Rare épreuve du premier état avant l'inscription dans la marge. B. Gh.

60 130 — Allégorie des mariages (5). Rare épreuve du deuxième état.

131 — Incendie de la foire Saint-Germain, troisième vue
100 (P. de B., 9). Rare épreuve, non finie, retouchée au crayon et lavée de bistre par le maître. Dert.

132 — Spectacle des Tuileries en deux vues de même gran-
400 deur (P. de B., 13 et 14). Superbes épreuves, très rares, le n° 14 est lavé de bistre par le maître. Beral. ubt.

133 — Le Charlatan (P. de B., 15). Très rare épreuve du pre-
54 mier état. M Bau at Bib Ct.

134 — Marche du bœuf gras (P. de B., 16). Superbe épreuve.
100 Rare.

135 — Vue de la foire de Beson, près Paris (17). Superbe
120 épreuve. Rare. M Bau. Ght.

136 — La fête d'Auteuil (P. de B., 18). Superbe épreuve.
180 Très rare. M Guet Ght. Beral. Git

SAINT-AUBIN (G. de)

137 — Vue du salon du Louvre en l'année 1753 (P. de B., 19).
Superbe et très rare épreuve du premier état.

138 — Les Nouvellistes (20). Superbe épreuve. Grande marge.

139 — Vignette pour une adreese (P. de B., 25). Très belle
épreuve, avec marge.

140 — Le Disque (26). Très rare épreuve avant que la planche
ait été retouchée et le profil de Sedaine indiqué légèrement au milieu.

141 — Le Facteur (P. de B., 28). Très belle épreuve.

142 — Vignette pour le conte de Lafontaine : *On ne s'avise
jamais de tout* (P. de B., 41). Très rare épreuve du pre-
état.

143 — Le Triomphe. Sur un char traîné par deux éléphants,
une déesse est assise, entourée d'un cortège nombreux
qui se dirige vers la droite et rentre dans une ville en
passant sous un arc de triomphe. Pièce non décrite.
Dans la gravure et dans le coin de la marge du bas, on
lit : Inventé et retouché par G. de Saint-Aubin.

SAINT-AUBIN (Aug. de)

144 — *Buffon* (E. B., 31). Très belle épreuve du premier
état.

145 — Vignettes-frontispices pour catalogues de ventes (E. B.,
545 et 546). Deux pièces.

146 — Fleurons et en-tête pour les *Pierres gravées du duc
d'Orléans*. Quatre pièces, l'en-tête est à l'eau-forte.

SANTERRE (d'après)

147 — *Blancheau* (Mlle), gravé par Catherine Duchesne. In-fol.
en manière noire. Très belle épreuve.

SCALBERGE

148 — Dix-huit pièces de l'œuvre de ce maître. Belles épreuves.

SILVESTRE (Israel)

149 — Porte de la Conférence, — Porte Saint-Martin, — le Luxembourg, — les Tuilleries. Quatre pièces.

150 — Vue de Lorraine. Treize pièces. Très belles épreuves, avec marges.

SIMON et COINY

150 bis — Figures de fables de La Fontaine, gravées par Simon et Coiny, d'après les dessins de Vivier. Trente-six livraisons de six planches chacune, les premières contiennent le texte gravé. Très belles épreuves avant les numéros.

STELLA (Claudine Bouzonnet)

151 — Les Pastorales. Vingt-une pièces dont six doubles.

152 — Livre de vases inventé par **M.** Stella et gravé par François Bouzonnet. Vingt-cinq pièces.

153 — Huit pièces de la Passion, d'après **J.** Stella. Belles épreuves.

154 — L'entrée de l'Empereur Sigismond à Mantoue. Vingt-cinq pièces.

SMITH (J.-R.)

155 — A Cremonese Lady, d'après W. Peters, in-fol. en manière noire. Très belle épreuve, marge.

TARDIEU (N.)

156 — *Coypel* (Ant.), d'après lui-même, in-4. Très belle épreuve avant la lettre.

TASSAERT (F.)

157 — *Lavoisier*, in-4. Très belle épreuve avant la lettre, marge.

TROUVAIN (Ant.)

158 — *Lamoignon* (Chr. f. Guill. de), in-8. Belle épreuve.

TROY (d'après J.-B. De)

159 — L'Amant sans gêne, — Le Jeu de pied de bœuf, — *Fuyez Iris, fuyez; ce séjour est à craindre...* Suite de trois pièces gravées par C. N. Cochin. Superbes et très rares épreuves avant toutes lettres. *Bib. cht*

WATTEAU (d'après Ant.)

160 — Les Amusements de l'été, par J. de Favanes. Très belle épreuve, marge.

161 — La Colation, par Moyreau. Belle épreuve, marge.

WATSON (J.)

162 — Jeune dame tenant des fruits, d'après la Rosalba, in-fol. en manière noire. Très belle épreuve. *Guer. gr.*

WILLE (P.-A.)

163 — Petit Waux-Hall. Belle épreuve.

WILLE (d'après P.-A.)

164 — Le Dentiste ambulant, — Le marchand de Ptisane; — La marchande de Bouquets. Trois pièces gravées en couleur par Berthault. Superbes épreuves. Rares. *Mou. ch.*

DESSINS

BERAIN (J.)

165 — Décoration pour un plafond à la plume et lavis d'encre de Chine. *A. Décoratifs Gtt. Dest ht.*

BOUCHER (F.)

166 — Pastorale. Croquis au crayon noir.

COCHIN (Ch.-N.)

167 — Portrait du président Hénault, au crayon noir et mine de plomb, légèrement rehaussé de couleur. A été gravé par Gaucher.

COCHIN (Ch.-N.)

31 168 — Allégories religieuses, avec figures d'anges et autres.
Trois dessins à la sanguine.

169 — Vue de Montmartre prise de la Villette. Au crayon
noir.

DUMOUSTIER

10 170 — Portrait d'homme coiffé d'un chapeau. Aux trois
crayons.

DUPLESSIS-BERTAUX

2 171 — Hommes et Femmes turcs. Croquis au crayon noir.

ÉCOLE FRANÇAISE DU XVIIIᵉ SIÈCLE

172 — Composition allégorique avec ornements pour un plafond de théâtre. Aquarelle.

173 — Portrait d'une jeune fille, vue presque de face. Aux
trois crayons.

11 174 — Portraits du comte de Provence, — du comte d'Artois
et de Mᵐᵉ Clotilde. Trois dessins aux divers crayons.

ESCHARD

2 175 — Études. Quatre dessins à la plume et lavis d'encre de
Chine.

GARNERAY

16 176 — Le coiffeur à la mode 1815. Aquarelle.

GILLOT (Cl.)

177 — Fête de Satyres. A la plume et lavis.

GRAVELOT

390 178 — Quatre dessins in-8 pour un ouvrage du dix-huitième
siècle. Au crayon noir et mine de plomb; ont été gravés.

HUBERT-ROBERT

8— **179** — Un moine prêchant devant une réunion d'hommes, femmes et enfants. A la plume et lavis de bistre.

7— **180** — Monuments en ruines ; sur le devant trois hommes se reposent. A la plume et lavis d'aquarelle.

30 **181** — Un gros rocher d'où coule une rivière ; sur le devant, trois figures dont une laveuse. A la plume et lavis d'encre de Chine et d'aquarelle.

10 **181 bis.** — Ruines et figures. A la sanguine.

HUET (J.-B.)

182 — Le Sacrifice, — l'Amour vainqueur. Deux dessins faisant pendants, au lavis d'encre de Chine. Signés.

183 — Retour des champs. Au lavis d'encre de Chine. Signé.

LAFITTE

2— **184** — Naissance du duc de Bordeaux. A la mine de plomb.

LÉLU (P.)

3— **185** — Composition allégorique sur Charles III, roi d'Espagne. A la plume et lavis d'encre de Chine.

MONNET (C)

41 **186** — Deux sujets relatifs aux campagnes de Napoléon. Au lavis d'encre de Chine.

NATOIRE (C.)

10 **187** — Etudes de femmes sur des nuages. Deux dessins au crayon noir rehaussés de blanc.

SAINT-AUBIN (G. DE)

188 — Portrait de l'artiste, en buste dans un médaillon autour duquel on lit : *Gabriel de Saint-Aubin dessiné par lui-même.* Au crayon et lavis d'encre de Chine.

LIVRES

189 — BAR. Costumes en noir et coloriés Quinze pièces, in-folio.

190 — BOCCACE. Il Decamerone di M. Giovanni Boccacio. Londra (Paris), 1757. 5 vol. in-8, mar. vert.
> Très bel exemplaire de la première édition en italien, les figures sont marquées avec un paraphe imprimé.

191 — BOUCHER. Recueil de diverses figures chinoise du cabinet de Fr. Boucher, dessinées et gravées par lui-même. Douze pièces, en feuilles.

192 — Dix vignettes in-8 gravées par Chedel, pour *Acajou et Zirphile*. Epreuves à toutes marges.

193 — CHAPRON. Les Loges du Vatican ou la Bible de Raphaël. Suite de cinquante-quatre estampes (R. D., 1-54). Superbes épreuves avant l'adresse de Mariette en 1 vol. in-fol. obl. cart. vel.

194 — CHARLET. Album lithographique par Charlet, 1825. 1 vol. in-fol. obl. cart. Trente-six pièces.

195 — DEBUCOURT. Le Chiffonnier.
La Course anglaise.
La Marchande d'eau-de-vie.
Adieux d'un Russe et d'une Parisienne.
Passez — Payez.
Officier anglais se rendant à une partie de plaisir.
Militaires de la garde impériale russe et allemande.
Officier de Dragons danois.
Grenadier et tambour de la garde nationale parisienne.
Officiers prussiens.
Cosaques au bivac.
Rempailleur de chaises.
Mameluck.
Persan voulant dompter un cheval français
La Marchande de saucisses.
Le Cosaque galant.

Le Marchand de peaux de lapins.
Artilleur et chasseur anglais.
Anglais en habit habillé.
Tambour russe et anglais.
Le Coup de vent.
La Marchande de coco.
Uhlan prussien.
Rencontre d'officiers anglais.
Famille écossaise.
Promenade anglaise.
Mameluck porte-étendard.
La Marchande de cerises.
Militaires écossais.
Marche d'officiers anglais.
Artilleur anglais.
Il n'y a pas de feu sans fumée.
La Toilette d'un clerc de procureur.
Officiers anglais et écossais.
Cosaque régulier de la garde.
La Marchande de poissons.
Cosaque irrégulier portant des dépêches.
Les Anglais à Paris.
Le Kalmuck.
Le Jour de barbe d'un charbonnier.
La Partie de plaisir.

Suite de quarante-deux pièces en couleur, d'après C. Vernet, en 1 vol. in-fol. cart.

196 — DESNOYERS. Recueil d'estampes gravées d'après des peintures antiques italiennes, etc. A Paris, de l'imprimerie de Firmin Didot, 1821. 1 vol. in-fol. cart.

197 — DUPLESSIS-BERTAUX. Recueil de cent sujets de divers genres composés et gravés à l'eau-forte, par J. Duplessi-Bertaux, 1814. Un vol. in-4 obl. cart.

198 — *Figures* pour *Les Français peints par eux-mêmes*. Trente-cinq pièces coloriées.

199 — GAVARNI. Masques et Visages. Douze pièces.

200 — GÉRICAULT. Etudes de chevaux et autres sujets de l'œuvre de Géricault. Trente-sept pièces en 1 vol. in-fol. obl, cart.

201 — GILLOT. Livres de portières inventées et gravées à l'eau-forte par Gillot, représentant Apollon, Diane, Bacchus, Neptune et Thétis. Cinq pièces. Belles épreuves.

202 — GRANDVILLE. Les Métamorphoses du jour, par J. Adolphe Grandville, 1829. Paris, Bulla. Suite de soixante-treize pièces et un titre, en feuilles.

203 — ISABEY. Voyage en Italie, par J. Isabey, en 1822. Trente dessins lithographiés par lui. Un vol. in-fol. cart.

204 — LAMI (E). Six quartiers de Paris. Suite de six planches coloriées, dans la chemise de publication.

205 — LEPRINCE. Les Inconvénients de voyager en diligence. Suite de douze pièces coloriées, en feuilles.

206 — OTTO VENIUS. Q. Horati Flacci emblemata. Imaginibus in æs incisis Notisq illustrata. Studio Othonis Vœni Batavolugdunensis. Antverpiæ, 1607. Un vol. in-4, fig., mar. rouge semé de fleurs de lis.

207 — OVIDE. Métamorphoses d'Ovide en rondeaux, imprimez et enrichis de figures par Ordre de Sa Majesté et dediez à Monseigneur le Dauphin. A Paris, de l'Imprimerie royale, 1676. Un vol. in-4, fig., veau marbré.

208 — *Paris* au dix-neuvième siècle. Douze pièces coloriées en livraisons.

209 — PÉRIGNON. Six cahiers de paysages. Trente-six pièces, en livraisons.

210 — PERRAULT. Les dix livres d'architecture de Vitruve, corrigez et traduits nouvellement en français, avec des notes et des figures. Seconde édition reveue, corrigée, et augmentée par M. Perrault. Paris, chez J.-B. Coignard, 1684. Un vol. in-fol. fig. veau.

211 — PIGAL. Vie d'un Gamin en 12 chapitres, par Pigal, 1826. 1 vol. in-fol., obl. cart. fig. coloriées.

212 — Pluvinel. Maneige royal, où l'on peut remarquer le défaut et la perfection du chevalier en tous les exercices de cet art, fait et pratiqué en l'instruction du Roy, par Ant. de Pluvinel, son écuyer principal..... Le tout gravé et représenté en grandes figures, en taille-douce, par Crispin de Pas. Paris. 1623. 1 vol. in-fol. oblong. veau.

Très rare exemplaire de la première édition. Le titre imprimé, le portrait du roi, portent la date de 1624. Quelques feuilles sont un peu déchirées.

213 — Pompadour. Suites d'Estampes, gravées par Mme la marquise de Pompadour, d'après les *Pierres gravées* de Guay, graveur du Roy, 1 vol. in-4e Mar. vert.

Très bel exemplaire, auquel est jointe la figure in-4 de Rodogune, d'après Boucher.

214 — *Quatremère-de-Quincy*. Le Jupiter Olympien ou l'art de la sculpture antique, considéré sous un nouveau point de-vue ; ouvrage qui comprend un essai sur le goût de la sculpture polychrome, l'analyse explicative de la torentique et l'histoire de la Statuaire en or et ivoire chez les Grecs et les Romains, avec la restitution des principaux Monuments de cet art et la démonstration pratique ou le renouvellement de ses procédés mécaniques, par M. Quatremère-de-Quincy. Paris 1815. 1 vol. in-fol. fig. cart.

215 — Recueil des plus beaux tableaux du cabinet de Messire Jean-Baptiste Boyer, Seigneur d'Aguilles..... A Aix, chez J. Coelemans 1709. 1 vol. in-fol. veau.

216 — Rubens. La Galerie du Palais du Luxembourg, peinte par Rubens, dessinée par les sieurs Nattier et gravée par les plus illustres graveurs du temps. Paris chez Duchange 1710. 1 vol. in-fol. veau.

Très bel exemplaire, en épreuves de premier tirage, avant les numéros.

217 — *Saint-Aubin*. Premier et IIe recueils de chiffres inventés par de Saint-Aubin et gravés par Marillier, treize pièces.

218 — TABLEAUX du Temple des Muses, tirés du cabinet de
de feu M. Favereau. Avec les descriptions, remarques et
annotations, composées par M. Michelle de Marolles, abbé
de Villeloin. Paris, chez Ant. de Sommaville 1655. 1 vol.
in-fol. fig. veau.

219 — TAPISSERIES du Roy ou sont représentez les quatre
Élémens et les quatre Saisons, avec les devises qui les
accompagnent et leur explication. Paris, chez S. Mabre-
Cramoisy, 1679. 1 vol. in-fol. aux armes.

220 — *Vautier et Lacour*. Monuments de sculpture anciens et
modernes, publiés par Vautier et Lacour. Paris, 1812.
1 vol. in-fol. fig. cart.

221 — VERNET. Recueil de douze chiens de dfférentes espèces,
par C. Vernet.— Divers croquis de chevaux, par C. Vernet, en livraisons.

222 — *Vernet et H. Lecomte*. Fables de La Fontaine. vingt-
quatre planches avec texte en 1 vol. in-fol. obl. cart.

223 — VIEN. Caravane du Sultan à La Mecque. Suite de
trente-deux pièces (P. de B. 8-39). 1 vol. in-fol. veau.

224 — VOYAGE pittoresque autour du Lac de Genève, orné de
onze vues, et d'une carte topographique et routière des
environs du Lac. Paris, chez Gide, 1823. 1 vol. in-fol.
cart.

Imprimerie D. Dumoulin, rue des Grands-Augustins, 5, à Paris.

www.ingramcontent.com/pod-product-compliance
Ingram Content Group UK Ltd.
Pitfield, Milton Keynes, MK11 3LW, UK
UKHW020137080726
13614UKWH00005B/2272